AF462293

SOUVENIRS DU SIÉGE

LE 18^E BATAILLON

(DE LA GARDE NATIONALE)

AUX TRANCHÉES

Paris. — Imprimerie A. Lainé, rue des Saints-Pères, 19

SOUVENIRS DU SIÉGE

LE 18^E BATAILLON

(DE LA GARDE NATIONALE)

AUX TRANCHÉES

PAR

AUGUSTE ROUSSEL

(Extrait de l'*Univers*)

PARIS
ADOLPHE LAINÉ, LIBRAIRE-ÉDITEUR
RUE DES SAINTS-PÈRES, 19

1871

SOUVENIRS DU SIÉGE

LE 18e BATAILLON

(DE LA GARDE NATIONALE)

AUX TRANCHÉES

Forsan et hæc olim meminisse juvabit.

I

LE DÉPART. — ILLUSIONS ET MÉCOMPTES.

Nos sacs étaient prêts depuis trois jours, et quand l'ordre vint de partir, pareils au Bias antique qui s'en allait fièrement, les mains dans les poches, narguant le monde et défiant le malheur de lui ôter sa fortune, nous pouvions dire comme lui : *Omnia me-*

cum porto. Seulement Bias n'avait pas de sac, et nous ne devions point tarder à l'apprendre.

Du quai Malaquais aux remparts, la route ne parut pas longue. Escortés par nos frères des bataillons sédentaires, animés de l'espoir d'aller à l'ennemi, ignorants d'ailleurs de la vie dont nous allions faire l'épreuve et croyant à une courte absence de cinq jours, nous souriions sincèrement à tous ceux dont les adieux prolongés voulaient nous arracher des pleurs. A peine eûmes-nous passé les portes que tout changea.

Pour la première fois nous éprouvâmes la sensation de l'isolement, et le commandement de : « Halte! » nous livra mieux encore à ces pensées intimes où les natures fortes toutes seules puisent un surcroît d'énergie, tandis que le commun des esprits se laisse aller à une tristesse vague qui précède un long découragement. Il faisait froid. Aussi loin que pouvaient porter nos regards, la neige étendait sur la plaine et les coteaux son blanc linceul; les maisons désertes de la banlieue achevaient de décorer ce morne tableau d'hiver, qui eût refroidi le pinceau même de Téniers. En cet état, que faire en une halte, à moins que l'on ne mange? Ce n'était point, d'ailleurs, pure distraction. Après cette marche d'une heure, nos sacs, qui tiraient si bien sur nos épaules, avaient tiraillé nos estomacs, qui demandaient grâce. Ils obtinrent leur ration de pain, de saucisson et de vin, après quoi l'on se remit en marche.

Mais déjà l'on était moins alerte qu'au départ. Les sacs, bien qu'allégés des provisions que la halte avait fait sortir, pesaient plus lourds sur nos épaules plus fatiguées; les pieds s'engourdissaient à la fatigue, et c'est avec une véritable joie que nous vîmes poindre un village où nous espérions faire une seconde halte. C'était Vitry. Nous le traversâmes sans nous arrêter, et nous eûmes à peine le temps de remarquer une assez jolie fontaine qui orne la place, une église dont plusieurs parties remontent au treizième siècle, et une foule de mobiles et de gardes nationaux qui, montrant leurs têtes à toutes les portes et à toutes les fenêtres, nous souhaitaient joyeusement bon voyage. Si nous avions été capables en ce moment d'un autre sentiment que celui de notre lassitude, nous aurions pu pressentir ce qui nous attendait plus loin, en voyant des bandes de gardes nationaux et de mobiles chargés de boue et ployant sous des sapins qu'ils rapportaient afin de garnir le feu et de faire bouillir la soupe; mais nous n'avions les yeux que sur notre état-major.

Pour le moment, notre état-major semblait fort embarrassé. Il y avait au sortir de Vitry plusieurs chemins. Lequel prendre pour nous conduire au plus court vers notre repos? Après bien des hésitations, l'on se décida, et par respect pour la hiérarchie, nous dûmes croire que le plus court avait paru le meilleur et que nous le suivions. Il n'en était rien, hélas! et l'on me permettra bien de placer ici une réflexion. C'est que nos états-majors devraient n'être jamais dépourvus des cartes du terrain qu'ils ont à parcourir. Posséder ces cartes est peu sans doute, car il faut savoir les lire, mais comment s'y étudier lorsqu'on ne les a même pas? Quoi qu'il en soit, oubli ou insouciance, cette ignorance des lieux nous valut un détour d'une bonne demi-heure en plus. Plusieurs criaient grâce. L'on voyait déjà se dessiner la queue des traînards et se rembrunir le front de notre commandant. Enfin nous atteignons le cours de la Seine. Un pâté de maisons absolument nues se dresse au-devant de nos regards ravis. Une voix sonore nous crie le solennel : *Reposez armes*. C'était la grande halte et le lieu du campement. Nous étions à Port-à-l'Anglais.

II

CAMPEMENT. — DESCRIPTION DU PAYSAGE. — EMMÉNAGEMENT.

Port-à-l'Anglais est une agglomération de maisons de campagne situées sur la rive gauche de la Seine, à peu près à égale distance des gros villages de Vitry et d'Ivry. Vitry, nous l'avons vu, est occupé par des troupes, mais on peut dire qu'Ivry est absolument désert. Seuls, quelques rares épiciers et marchands de vins ont bravement attendu l'ennemi pour avoir la chance de vendre chèrement aux Parisiens un reste de vin blanc ou d'huile frelatée. L'on entend aussi le bruit d'une grande usine qui fabrique des caissons pour l'artillerie. Avec d'immenses chantiers de bois de construction, aujourd'hui abandonnés, c'est tout ce qui reste de l'industrie qui remplissait ce gros village avant le siége. En face, sur l'autre rive de la Seine, s'étagent les maisons désertes aussi de Charenton. Plus loin et toujours sur l'autre rive, Créteil et Maisons-Alfort présentent à droite la même désolation.

Au bout de peu de temps, nous avions pu nous rendre compte du terrain assigné à nos opérations. Imaginez un vaste parallélogramme dont Choisy forme l'un des côtés au fond. Du côté opposé, le fort d'Ivry, émergeant de la terre sombre qui lui sert de piédestal, étend la ligne de ses batteries et se relie par des pentes douces au Port-à-l'Anglais, qui forme de ce côté, au nord, la pointe extrême du parallélogramme. Le troisième côté est formé par la Seine, fort peu capricieuse en cet endroit et qui, si l'on en excepte deux ou trois courts méandres, va presque en ligne droite jusqu'à Choisy. En face de la Seine, le côté opposé du parallélogramme est formé par la grande ligne de coteaux où sont assises redoutables les forteresses mouvantes des Hautes-Bruyères et de Villejuif.

De tout ceci nous ne nous rendîmes compte que plus tard, car à notre arrivée nous manquions de cartes nous aussi, et en outre, que l'ennemi fût à 500 ou à 1,000 mètres, peu nous importait. Nous avions surtout souci de trouver un endroit pour y jeter nos maisons, c'est-à-dire nos sacs, et nous délasser un instant. Le logement qui nous fut destiné était un chalet, habitation d'été fort agréable, mais dont les murs légers, faits de bois et de briques, ne nous promettaient qu'un faible abri contre la froidure et la gelée. Le prendre d'assaut et nous y établir fut l'affaire de quelques minutes; mais quand, selon l'expression vulgaire, on eut pris le temps de se retourner, nous vîmes que dans cette habitation si confortable nous ne manquions que de tout.

Chaque escouade (une escouade se compose de dix hommes plus un caporal) avait sa chambre, qui devait servir tout ensemble de cuisine, de salle à manger, de salon de réception et de salle à coucher. Or, le plancher était sale et poudreux, la cheminée sans bois, les fenêtres sans vitres, la table sans pieds, et pour siéges nous avions nos sacs. En un mot, tout était à faire. Nous ne nous répugnâmes point à la besogne. Pendant qu'empoignant une branche de sapin en guise de balai, l'un de nous nettoyait la place, un autre découpait des carreaux en papier qu'il alignait sur les châssis avec de la colle à farine instantanément délayée dans l'eau de la Seine; un troisième, architecte de son métier, redressait la table et clouait des bancs; d'autres aux fortes poignes, nous revenaient tout chargés d'un vieux bois qui, au bout de quelques minutes, flambait dans l'âtre. Partout les coups de hache retentissaient en même temps que se faisaient entendre les ronflements de la scie.

Après que tout le monde eut bien sué à ce travail, un joyeux compagnon rédigea en batarde une inscription destinée à constater notre prise de possession, et sur la grille de notre chalet les rares passants purent lire désormais cette dénomination prise du nom de notre capitaine : *Villa Fargeas*. Cela fait, chacun se retira dans son antre et l'on parla de diner; mais comme il nous fut répondu qu'il n'y avait pas de vivres, nous nous abîmâmes dans les réflexions que suggérait cette réponse philosophique, et, après avoir déroulé nos tentes nous nous étendîmes sous nos couvertures, nous souhaitant réciproquement un prompt et long sommeil jusqu'au lendemain matin.

III

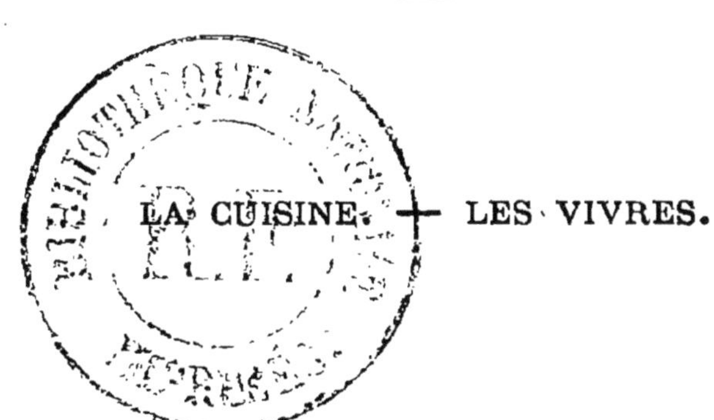

LA CUISINE. — LES VIVRES.

Pour la plupart, le lendemain tarda à venir, car sur le plancher raboteux, les os meurtris criaient grâce et les rhumatismes entraient par les fenêtres sans crier gare. En outre, pour les malheureux que l'insomnie dévorait, un supplice s'ajoutait plus affreux que tous les autres, je veux parler des ronflements auquel se livraient des dormeurs déterminés. Il y en a partout de ces vigoureux serviteurs du sommeil, mais jamais je ne les ai si bien observés qu'en cette campagne. Vous les plantez sur une borne, ils ronflent ; vous faites halte dans une marche, ils ronflent ; vous les exposez au froid dans les tranchées, ils ronflent ; vous les grillez sur les charbons d'un feu qui fume sans donner de flammes, ils ronflent, vous dis-je. Il semble que tout ce qu'ils font d'autre dans la vie soit un accident, et que ce soit là précisément leur opération importante et vitale.

En tout cas, ils s'en acquittent consciencieusement, et tant pis pour les voisins. Un de mes amis, artiste distingué et garde du 19e bataillon, avait fait là-dessus des remarques dont plusieurs paraîtront justifiées. — N'observez-vous point, me disait-il, que chez quelques-uns le ronflement est tout un drame. D'abord le son éclate et se prolonge sans effort. C'est quelque chose de paisible et de large comme une exposition. Mais l'intrigue se noue et les obstacles se multiplient, créant une situation sur laquelle les esprits et les cœurs s'arrêtent inquiets. Le souffle alors gronde péniblement, il marche par saccades avec des bruits plaintifs et multipliés. Enfin le dénouement se précipite à travers les débris accumulés par les événements qui, comme un torrent, ont brisé les cœurs. C'est le moment où les poumons se rassemblent comme pour un suprême effort, le son bondissant éclate avec fracas comme un tonnerre et déchire tous les voiles. C'est la fin,... qui annonce le recommencement.

Combien de fois assistâmes-nous à ce drame? c'est ce dont la meilleure mémoire ne pourrait nous donner le compte. Du reste, le jour qui revenait nous livra à d'autres soins. Le feu brûlait toujours, mais la marmite était silencieuse. Notre première question du jour fut la dernière de la veille : A-t-on de quoi manger? Il nous fut fait la même réponse.

On a beau s'être armé de décision contre toutes les infortunes. Il en est qui vous prennent à la gorge si violemment, qu'il faut bien y prendre garde. La nôtre paraîtra de ce nombre. Nous nous hasardâmes à demander des explications. Au bout d'un peu de temps, nous apprîmes que le sous-adjudant chargé de la conduite des vivres s'était gorgé de vin, lui, le conducteur et probablement les bêtes. Bref, le tout était resté en chemin et ne devait arriver que le soir. Pour consolation, il nous fut annoncé que le sous-adjudant serait dégradé et renvoyé à Paris sous escorte, ce qui fut fait le lendemain.

L'on vécut donc le reste du jour sur les provisions emportées de Paris, mais je renonce à peindre la joie quand, la distribution de viande ayant été faite enfin, chacun put se promettre le régal d'une soupe, d'un pot-au-feu comme il nous souvenait d'en avoir mangé dans les temps déjà lointains où nous habitions Paris.

Avoir une soupe, c'est bientôt dit! Mais pour la faire, comment s'y prendre? Jusque-là, peu d'entre nous s'étaient exercés à résoudre ce problème : Etant donné un morceau de cheval, l'eau de la Seine et une marmite, faire un excellent pot-au-feu. Pour ma part, je ne cacherai pas que je tremblai un peu quand mon tour vint de tripoter la cuisine. Ah ! c'est que les camarades qui gèlent aux tranchées n'entendent pas plaisanterie sur le compte de la soupe, qu'ils attendent comme leur seule consolation. Le malheureux qui veille au coin du feu ne l'ignore pas, et il faut voir de quels yeux il suit les progrès de la cuisson, de quels soins il entoure cette marmite qui lui vaudra tout à l'heure tant de mercis ou de malédictions.

C'est en vain que je rappelais mes souvenirs.

Il ne m'en revenait qu'un seul, emprunté à la Légende dorée. J'y avais lu que deux moines, entrant un jour affamés dans une maison gardée seulement par un enfant, et, n'en ayant pu obtenir la moindre aumône, lui proposèrent de faire la soupe avec un caillou. L'enfant n'en crut rien tout d'abord, mais il voulut voir, et fournit le caillou. Au bout d'un peu de temps le caillou était toujours aussi dur et la soupe n'était que de l'eau chaude ; les moines dirent qu'il faudrait un peu de beurre pour attendrir le caillou, puis ce fut ceci, puis cela, puis tous les légumes y passèrent, et enfin rien ne fut trouvé meilleur que la soupe au caillou. Oh ! qui m'eût donné une soupe au caillou? Pour moi, j'avais pu trouver deux pommes de terre, un poireau et une branche de céleri. Cela suffit pour m'attirer des compliments que je ne retrouverai probablement jamais plus.

Je dois dire que tout le monde n'est pas partout si emprunté. Aucuns ont quelque peu pratiqué la chose, et il en est que je pourrais nommer et qui se sont révélés en cela hommes de génie. Ils inventaient des ragouts qui se trouvaient parfaits, et nous faisaient connaître des raffinements que l'état de siége ne semblerait pas comporter. Pour moi, il suffit à ma gloire d'avoir fait une seule fois une bonne soupe et assez souvent du bon café.

C'était notre ordinaire, avec un dérisoire gobelet de vin (un huitième de litre) par jour; je ne parle pas du riz, que nous avions abondamment, mais dont on ne pouvait tirer parti, à défaut d'assaisonnement, et parce qu'il n'était point de qualité. Une seule fois, le cheval fut remplacé par un saucisson, qui ne devait pas coûter cher ; une autre fois la municipalité du VIe nous envoya, moyennant finances, un petit morceau de lard qui parut exquis, et des pois trop durs. Enfin, nous eûmes encore un autre régal, lequel nous fut annoncé solennellement par notre commandant qui nous avait réunis à cet effet sous les armes : c'était un morceau assez large de fromage de Gruyère dont chaque portion coûtait trois sous.

Dans les chambrées on en causa durant trois jours.

IV

LES CORVÉES. — RELATIONS AVEC PARIS. — LE VAGUEMESTRE. — LE CUISINIER.

Sous l'aiguillon de l'impérieuse nécessité, chacun de nous, arrivant dans une ruine qu'il fallait restaurer de tous points, s'était improvisé charpentier, charron, vitrier, balayeur de rues. La fièvre et l'amour du nouveau nous avaient offert toute cette besogne comme un amusement. Quand il fallut s'en faire une règle et mesurer froidement de l'œil les corvées qui devenaient notre lot quotidien, l'enthousiasme, je ne dis pas la bonne volonté ni la bonne humeur, cessa. Qu'un Parisien nous eût trouvés plaisants s'il nous avait rencontrés descendant vers la Seine et faisant sonner l'anse de nos bidons, que nous allions remplir pour les besoins du ménage! Par le temps calme, l'eau était claire et il était aisé de puiser à l'endroit qui nous offrait le pied le plus sûr et l'eau la plus transparente. Mais par le vent, alors que les vagues, se poussant violemment sur la rive, charriaient avec les eaux un véritable bourbier semé de plantes et de filasses, on distinguait le pied ferme, l'œil alerte et le bras vigoureux qui, épiant le moment et l'endroit, ramenaient d'un coup sec et bien mesuré le bidon pleinement jaugé, et rempli d'une eau relativement filtrée. Mais que devenions-nous lorsque, la Seine ayant gelé, il fallait casser la glace et puiser dans un trou profond, le pied au repos sur un glaçon qui menaçait de se rompre sous l'effort? Alors nous nous attelions à la file et « l'homme au bidon » se penchait sur le gouffre, retenu par un cordon de mains amies qui, nouées les unes aux autres, le rattachaient à la berge.

Passons rapidement sur un autre service, plus bas, plus désagréable, moins fréquent aussi par grâce, et qu'autrefois à la cour d'Augias ne dédaigna point Hercule. Je connais des gentilshommes qui, les manches retroussées et le nez en l'air, s'en tirèrent fort bien, ma foi ; mais que la gelée est profitable pour ces sortes d'opérations !

La vraie corvée, celle de tous les instants, et après tout la moins désagréable, quoiqu'elle fût la plus longue, c'était la corvée du bois. Bois pour chaque ménage, il en fallait cela va sans dire, mais il y avait encore à fournir le bois de l'ambulance (1), le bois du petit état-major, le bois du gros état-major, etc. Or, il faut noter que le bois étant rare ou même nul au Port-à-l'Anglais, il fallait aller chercher des provisions à une distance d'une demi-lieue et souvent jusque dans le parc de Vitry.

Nous en revenions chargés comme des mules, ployés et glorieux sous le faix, comptant pour rien la peine en songeant à la flamme. D'ailleurs cet exercice nous réchauffait, et il m'est arrivé maintes fois, ainsi qu'à plusieurs de mes amis, lorsque nous gelions sur place, déployés dans la plaine, d'aller volontairement à la corvée pour chauffer ceux qui y ré-

(1) Au chapitre de l'ambulance, nous verrons l'emploi qu'on en faisait.

pugnaient, Ils s'aveuglaient, les pieds au feu et le froid dans le dos, s'acoquinant à ce tourbillon malsain. Cependant, nous ensanglantions nos mains à tirer des branchages, mais notre sang brûlait. Par malheur, la peine était double, parce que nous manquions de hache ou que notre hache manquait de tranchant. Oh ! la hache ! une hache bien effilée, bien solide, bien en main, quel instrument précieux pour le soldat en campagne ! A nos côtés, les marins nous faisaient voir en réalité ce rêve de tous nos instants. Et nous songions au bûcheron de la fable, et volontiers nous eussions jeté nos vilains morceaux de fer édentés si quelque main bienfaisante avait dû les remplacer par ce poignard de nos vaillants loups de mer. Souvent nous nous arrêtions pour les contempler à l'œuvre. Poussé par leurs mains robustes, l'acier sifflait, entrait profond, faisait dans le tronc d'arbre une plaie béante, vibrait en ressortant, rentrait encore. En trois coups, le tronc d'arbre chancelait, la branche s'envolait en éclats, la large épaule se tendait pour une charge toute préparée, et ils partaient gaiement, sifflottant une chanson du tillac. Nous les suivions de loin, traînant notre fardeau, fatigués du poignet, des reins et des épaules, mais, à cause de la besogne faite, contents de nous.

Parfois, une lettre nous attendait au retour, car notre commandant, sachant en quel désastre sont les cœurs lorsque les familles sont loin et que les permissions sont rares, avait organisé pour son bataillon un service postal régulier. Chaque matin, le vaguemestre partait emportant nos billets. Il rapportait chaque soir des lettres et quelques journaux. De quel air il était accueilli et comme chacun le fêtait à son tour, lorsqu'il entrait le soir dans nos chambrées, ou même aux tranchées, apportant la bienheureuse épître ! Lui-même, du reste, semblait tout rayonnant d'être le porte-joie de tous, et sans trahir sa modestie, je crois devoir lui payer ici, au nom du bataillon tout entier, le tribut que méritent sa bonne humeur, sa bonne grâce, son affabilité, qui se prêtait à tout sans rien perdre de sa distinction.

Pour tout dire, nos relations avec Paris ne se bornaient pas à ce commerce spirituel dont plusieurs auraient pu ne pas se trouver suffisamment repus. Toujours grâce au bon vouloir de notre commandant, un cantinier nous avait suivis, qui avait établi boutique sur le quai, près de nous. Quelques médisants ont bien dit que Picod vendait cher le vin que nous ne trouvions pas dans les gourdes du gouvernement. Mais il est si difficile d'avoir du vin, et puis le cheval de Picod était si serviable, il nous a rapporté de Paris tant de paquets nécessaires et parfois de si bons pâtés, et enfin Picod nous servait de temps en temps des soupes à l'oignon si chaudes, que ses services priment tout et que le bataillon doit aussi rendre grâces au cantinier!

V

LE SERVICE. — POSTES. — REDOUTES. TRANCHÉES.

Mais c'est trop parler du manœuvre et il faut enfin montrer le soldat, d'autant plus que si le manœuvre fut souvent maladroit et grognon, l'on peut dire que le soldat fut partout superbe. Je hasarde le mot, quciqu'il semble fort, parce que je ne crois pas que jamais troupes neuves, placées subitement dans de telles conditions, aient tout supporté avec une pareille fermeté. Je ne parle pas de l'ennui d'être tenus dehors vingt et un jours, lorsque nous partions pour une campagne de six jours, mais dans ces trois semaines nous avons subi tous les temps successivement. Au départ la neige et la gelée ; puis le dégel et la pluie par ondées, puis un froid à fendre les pierres, et de nouveau la neige; et tout cela, encore une fois, dans des conditions où nous croyons que peu de troupes ont été souvent placées. Qu'on en juge par ce court récit de nos journées.

Nous partîmes le 9 décembre par un froid fort vif, que la neige n'adoucissait pas. Sur pied avec nos sacs dès neuf heures, nous n'arrivâmes au Port-à-l'Anglais que vers deux heures. Sans plus tarder, un certain nombre d'entre nous dut prendre le service d'une redoute qui est en avant de la station. Cinq factionnaires à fournir. Quatre heures de faction la nuit. Notez que sur les bords de la Seine où nous étions, le brouillard s'ajoute à l'intensité du froid. On peut dire que dans ces conditions, après une longue marche que ne suit aucun repos, on fit nuit blanche. Et d'une. Je compte pour rien les postes à fournir au seuil de l'état-major. Ce service est moins dur et relativement peut passer, pour un repos.

Le 10, nous sommes toujours à la redoute, et le 11, nous prenons un peu de repos. Mais c'est le 12 que le véritable travail commence. Il s'agissait d'inaugurer le service des tranchées.

Nous partons de bonne heure, par la boue et sous la pluie, ne sachant rien ni de l'endroit où nous allions, ni de ce que nous allions y faire. Au bout d'une demi-heure de marche dans la direction de Choisy, nous nous heurtons à une ligne de tranchées qui, coupant en deux le parallélogramme que j'ai décrit plus haut, court de la Seine aux collines qui soutiennent le plateau de Villejuif. On nous parque dans un large fossé rempli d'eau et de boue. C'est notre campement. Nul autre abri. Dressez vos tentes, si cela vous plaît, mais quel abri y chercher sur un sol gras et froid? Nous préférons n'y loger que nos sacs et nos fusils. Nous passâmes ainsi toute la journée et toute la nuit, les pieds dans la boue froide et la tête sous la pluie glacée. En cet état, manger perd son charme, et d'ailleurs quel moyen de faire arriver chauds des aliments à travers une demi-lieue de plaine par ce temps ? Je me rappelle que les factions de nuit parurent interminables, et plus interminables que les factions, les deux heures passées aux embuscades.

Il n'est peut-être pas inutile de désigner ce qu'on entend par le service d'embuscades. La nuit, comme le jour, les tranchées sont gardées par des factionnaires qui se relèvent à tour de rôle. Mais la nuit, il faut en outre se garder contre les surprises. Pour cela, à une centaine de mètres des tranchées, dans des trous préparés à l'avance, quelques hommes vont se tapir. Là, ventre à terre, l'oreille collée sur le sol pour mieux entendre, l'œil au guet et le doigt sur la gachette du fusil, ils attendent comme le chasseur à l'affût. « Ne tirez ni à droite ni à gauche, leur a-t-on dit ; mais, s'il y a lieu, droit devant vous, et surveillez aussi les berges du fleuve. » Vous figurez-vous ce qui se passe dans les têtes de ces hommes, qui pour la première fois font un service pareil, collés dans la glace et la boue, et perdus dans une obscurité complète ?

Pour arriver à leur poste, ils ont dû traverser des chemins impossibles, se rouler dans des fondrières où ils entrent à mi-corps et d'où leurs bottes ne sortent qu'à grand' peine. Un jeune caporal (il a pourtant des lunettes) ne s'en est pas tiré sans piquer résolûment une tête dans un fossé énorme qu'il avait pour mission de faire éviter à ses hommes. Heureusement il est alerte, de sang-froid et de bonne humeur ; il fait boule et aussitôt debout que tombé, il blague (qu'on me passe le mot) sa mésaventure, crie : En avant ! et remet tout le monde en cœur et sur pied, non sans faire réflexion que la boue a du bon, car par la gelée il se fût brisé au moins une demi-douzaine de côtes.

Enfin nous y voilà ! Chaque homme est à son poste de combat. Il tend l'oreille et fixe l'œil. Son imagination travaillant au milieu des fantômes de la nuit grandit les herbes qui frôlent sous le vent. Elles se dressent devant le malheureux comme une forme humaine. Elles se courbent. Plus de doute. C'est l'ennemi qui se glisse en rampant. De droite et de gauche elles se balancent. Les avez-vous vus par groupes de deux et trois? Feu ! Le coup, plus rapide que la réflexion, a déjà donné l'alarme. Cent braves accourent. Ce n'est rien.

Ce sont là, du reste, les accidents inévitables d'une première nuit de tranchées. A la seconde fois, mieux instruits de toutes choses, nos soldats attendront plutôt d'avoir touché l'homme que de tirer inutilement sur une ombre, et à la fin nous étions si aguerris que la veille du départ, les Prussiens nous ayant assaillis la nuit d'une grêle de balles, pas un coup ne fut tiré de notre côté, parce que personne n'en avait reçu le commandement.

C'est après cette première faction, la nuit, dans les tranchées et par un pareil temps, qu'un peintre de genre eût dû nous saisir. Vers quatre heures du matin, mornes, glacés des pieds à la tête, ne pouvant ni tenir debout ni nous asseoir, nous arpentions lentement le fossé, pareils à ces ombres lugubres que tout poëte épique ne manque pas de placer dans sa Descente aux Enfers. Enfin le jour arrive, et nous livrant en spectacle à nous-mêmes, secoue la torpeur où la fatigue nous endormait. Le soleil promet d'éclairer la journée de ses pâles reflets d'hiver; nous avons l'espoir plus sérieux de voir bientôt venir nos successeurs et de retrouver avec nos chambres ce plancher qui, la première nuit, nous sembla si rude, et que nous appelons à présent comme un lit réparateur. Mais dans deux jours il faudra recommencer. N'importe! on ne voit point l'avenir et l'on se livre à la joie de goûter l'oubli du passé.

La joie fut courte. Dès le 16, nous étions de nouveau à notre tranchée. Mais ce jour-là la température était douce et le soleil lançait de chauds rayons sur la terre raffermie. De plus nous connaissions le service et le terrain. La journée sera bonne, disions-nous. Elle fut bonne en effet. L'on mangea sans onglée aux doigts, l'on se promena en long et en large sans traîner après soi des gouttières, et vers le soir le temps était si doux que l'on se dit en commun : Si nous dressions nos tentes? Entre les factions il sera bon de dormir. Aussitôt dit, aussitôt à l'œuvre.

A côté de nous, dans une redoute préparée pour l'artillerie, des ouvriers du génie travaillaient. Nous leur empruntons pelles et pioches, et bientôt, à force de bras, chaque escouade se prépare un lit immense où l'on s'enfoncera tout à l'heure à l'abri de la tente que l'on s'empresse de dresser sur de longs piquets. Tout cela ne va pas sans mésaventures, que chacun accueille par des rires sonores. Ainsi en fut-il dans notre escouade; après un labeur immense dans une terre trop friable, tout à coup un éboulement se produit. Aucun accident, mais il faut recommencer. A côté de nous, un poëte charmant, un causeur aimable, était monté sur le talus, tirant la toile à lui, pendant que ses confrères, au bas du fossé, l'assujettissaient aux piquets. Tout à coup, nous voyons notre ami prendre son vol et décrire mollement une courbe dans les airs, à cheval sur la toile que ses mains retenaient toujours. La terre n'était point assez ferme. Le piquet avait cédé et le poëte s'en était allé, oscillant comme un rêve, étonné lui-même et souriant de son aventure au milieu de ses amis qui se tordaient.

Enfin tous les accidents ont été réparés. Les toiles sont tendues. Dans les cavités, chacun a pris sa place, le sac sous l'oreille, le fusil entre les jambes, prêt à la garde comme au sommeil. Mais quel est soudain ce tintement de clochettes sourdes, tombant sur nos têtes à petit bruit ?

C'est la pluie, qui n'était point invitée et qui se met de la fête. D'abord elle ne vient qu'en perles fines, mais bientôt les grosses gouttes s'amoncèlent, puis les flots se précipitent, roulant du talus sous nos reins de véritables rivières. En un instant tout le monde est debout. On s'empresse à maintenir les tentes qui chancellent. Je laisse faire. Rompus de fatigue comme nous l'étions, je crois que j'aurais consenti à m'ensevelir sous la neige plutôt que de remuer un brin. Je fus donc noyé, et l'on dut me tirer violemment du lit où je m'obstinais à dormir.

Ces agréments ou d'autres semblables ne manquaient jamais au service des tranchées. Une autre fois, les artilleurs dont j'ai parlé, ayant quitté momentanément la redoute, nous avions occupé leurs casemates et nous y dormions au chaud paisiblement, quand vers minuit nous entendons un roulement de caissons. Alerte ! ce sont eux qui reviennent ! Allons, messieurs, debout ! ressemblez vos sacs, et vite venez achever vos rêves à la belle étoile.

Pour en finir avec les tranchées, nous n'y eûmes qu'un plaisir. C'était la veille de notre retour, vers huit heures du soir. Nous commencions à nous arranger pour la nuit, quand nous fûmes dérangés par une pluie de balles sifflant à nos oreilles et sur nos têtes. En un instant, nous fûmes sur les parapets, prêts à marcher au premier ordre, tous ravis, mais calmes. Au bout de vingt minutes, c'était fini et nous rentrions sous la tente, contents d'avoir vu le feu, tristes d'avoir manqué un vrai combat.

Après cette description du service des tranchées, l'on comprendra que le combat nous offrît des séductions chaque jour plus ardentes. En comparaison de ces corvées assidues par la pluie et la gelée, on compte pour rien les risques d'une bataille, et véritablement j'estime moins l'élan d'un héros (tout le monde l'est à ses heures), que la résignation patiente du soldat qui garde sa bonne humeur aux tranchées. Aussi, nos chambrées étaient à peindre lorsqu'un soir (c'était le 19), notre lieutenant y fit irruption en criant : *Aux armes!* Enfin ! nous écriâmes-nous d'un commun élan. En un instant nos dispositions sont prises et nous nous rangeons sur la pelouse en avant de notre chalet. Hélas ! il arrive un contre-ordre. Ce n'est que pour le lendemain matin, à six heures.

Ce jour-là nous partons en nous glissant silencieusement le long des routes, et nous allons rejoindre à Vitry, par un détour, les bataillons de notre régiment qui y étaient casernés. Un autre régiment vient derrière et nous nous avançons en plaine sur deux rangs. Bientôt apparaît notre lieutenant-colonel qui nous forme en deux lignes de bataille, notre bataillon composant la première. Puis, au loin, dans la vague éclaircie de l'aube naissante, un noir peloton se dessine et arrive sur nous au galop. C'est l'amiral avec son état-major. Il passe devant notre front comme un tourbillon, revient plus calme et fait la revue d'un air qui témoigne sa satisfaction. Nos cartouches sont prêtes, nos cœurs aussi sont prêts, et c'est avec un certain frémissement mêlé d'espoir que chacun répète à son camarade : C'est l'heure.

Nous restâmes sur place. Au loin, on entendait le canon de quelque combat ou d'une escarmouche. De notre côté, on ne tenta rien. Et nous commençâmes ce jour-là un nouveau service, qui ne fut pas le moins pénible de tous ceux qui pesèrent sur nous dans cette campagne. Nous arrivions avant l'aube le matin par quelque temps que ce fût. Nous nous rangions en bataille pour nous déployer en tirailleurs, puis nous formions les faisceaux, et nous restions auprès, debout, jusqu'au soir. Cependant la bise soufflait avec fureur, nos doigts se crispaient dans les fourrures et les pieds se glaçaient sur le sol. N'importe! l'on trouvait moyen de rire, de causer et de plaisanter sur les glaçons qui hérissaient les moustaches, sur le nez en compote de celui-ci, sur les paquets en besace de celui-là qui, pour s'abriter, avait roulé en boule sur le ventre et sur le dos tout ce que son sac pouvait contenir de laine ou de coton.

En ces jours, j'ai bien vu que si les Prussiens ont pu nous battre, ils ne pourront jamais venir à bout de la proverbiale gaieté française.

VI

NOS CHEFS

Quelque dur que soit le service, on peut dire que les chefs en portent toujours la moitié par l'influence morale qu'ils exercent sur le soldat. C'est pourquoi il n'est point indifférent d'être commandé par tel officier ou par tel autre, et je ne crois pas superflu de résumer en quelques lignes, tels qu'ils m'ont apparu, les portraits des officiers qui sont à notre tête.

L'amiral Pothuau a tout le calme et l'énergie morale qui sont propres aux marins. Je ne parle pas de son intelligence. Elle a brillé en Crimée. Sa figure large et expressive, jeune encore malgré les ans, garde ce cachet méditatif que l'habitude de vivre seuls avec leur pensée imprime à ceux qui passent leurs meilleures années sur la mer. Ce n'est pas que son œil ait rien de vague. Au contraire, il est vif et franc. Il voit sûr et il voit loin. Les habitudes de l'amiral sont austères. Dormant peu, toujours vigilant, il est presque toujours debout. Pendant tout le temps que nous passâmes aux tranchées, il était rare de ne point le voir sur le pont du chemin de fer qui fait face à Choisy et où est établie une batterie que les Prussiens ont appris à connaître. Or, sur ce pont, plus qu'ailleurs, le vent froid passe en sifflant. Sans souci de la bise, l'amiral faisait sa ronde, allant d'une pièce à l'autre, donnant un coup de lorgnette à l'ennemi, commandant le feu.

Comme la plupart des militaires, il avait d'abord des préventions contre la garde nationale. Quand il la vit à l'œuvre, quand il se fut assuré quelles fatigues elle savait porter et de quelle humeur, quand il eut remarqué dans ses rondes nocturnes que pas un ne désertait son poste ni ne s'y endormait, quelque temps qu'il fît, il prit pour nous une sincère admiration, qu'il exprimait souvent à son état-major et qu'il a voulu faire consigner au *Journal officiel.* Nous lui en gardons un souvenir reconnaissant.

Après l'amiral, nous devons une place à son état-major ; à M. Benoît-d'Azy, lieutenant de vaisseau démissionnaire, qui n'a pas hésité à quitter la vie tranquille et fortunée qu'il s'était faite pour reprendre du service dans l'armée. M. Benoît-d'Azy porte sur sa bonne et franche figure toutes les qualités qu'il a au fond de l'âme. C'est le type de l'homme loyal, bienveillant pour tous, dévoué jusqu'à l'abnégation. Pour résumer d'un mot populaire et éloquent tout son caractère : il a le cœur sur la main.

M. de Beausire, parent de l'amiral et son officier d'ordonnance, a fait briller dans le monde des qualités qui se montreront mieux encore dans les graves circonstances où il est appelé à les mettre en œuvre. Des salons, il n'a fait qu'un bond sur le champ de bataille, où il a paru comme lieutenant des mobiles de son département. Avant la guerre, il était garde général des forêts. Il est rare de voir tant de jeunesse au service de tant d'énergie. Je l'entendais un jour, où il venait de se jeter épuisé sur son lit de camp pour dormir. « Enfin, disait-il, je vais me reposer un peu ! » Au même instant, un grand cuirassier faisait toc-toc à la porte de la chambre : « M. de Beausire, l'amiral vous demande. » Le jeune homme était déjà debout, frais, souriant, ayant chassé la fatigue et bouclé son ceinturon, prêt à sauter à cheval pour fournir une course nouvelle.

Que dirai-je du capitaine Schnaiter? Les lecteurs de l'*Univers* le connaissent trop et je suis trop son ami pour le louer comme je voudrais. Je répéterai, du moins, ce que j'entendais dire à mes côtés, lorsqu'il passait, filant au galop : Quel type charmant, me disait-on, du parfait officier; distingué d'esprit autant que de manières, ferme sans raideur et souple sans mollesse sur ce cheval qu'il fait caracoler à merveille ! Quel âge pensez-vous qu'il ait? Je donnais son âge. Invariablement l'on disait : Hum ! il fera son chemin. Je l'espère bien et le demande à Dieu, car personne n'en sera plus heureux que moi.

Un jour qu'il portait des ordres quelque

part, il me rencontre et m'arrête. Nous causons un instant. Eh bien! me dit-il, en partant? — Quoi donc? — Vous ne me félicitez pas?— J'ouvrais les yeux. Il porta alors vivement la main à son képi et me cria : Le troisième galon! En effet, je n'avais point remarqué ce nouveau grade, car il n'avait repris du service qu'au commencement de décembre et comme lieutenant. Je le félicitai de ce prompt avancement. — Et le brevet me dit-il en se sauvant, est de bonne date : 8 décembre, jour de l'Immaculée Conception.

Le lieutenant-colonel d'état-major Roger du Nord est plus connu dans la carrière diplomatique que dans celle des armes. Ami de M. Thiers, qui appréciait sa finesse, il a laissé dans les ambassades le souvenir d'un homme politique rompu à l'esprit des cours et sachant voir clair dans les roueries européennes. On peut croire qu'il abandonna volontairement cette carrière quand il s'aperçut que la diplomatie cessait d'être une escrime entre gens distingués, pour devenir un brigandage.

A Vitry, il était avant la formation de nos bataillons en régiment, chargé des relations entre l'état-major y résidant et les chefs de bataillons qui s'y relevaient pour le service. Après cette formation, ses fonctions devenaient une sinécure, mais la vie active qu'il menait lui était devenue nécessaire, et on dut lui conserver ce poste d'honneur. Toujours à cheval, on le voyait partout en un instant. C'est lui qui, lorsque nous campions en plaine, venait le soir nous apporter l'ordre de la retraite, mais il n'avait pas besoin de cette bonne nouvelle pour se faire chérir, tant il mettait à ses rapports avec nous de bonne grâce et de paternelle bienveillance.

En dehors du service, c'est-à-dire quand il n'était point à cheval, on le rencontrait parfois se promenant à pied avec l'état-major de l'amiral. A voir sa tournure, ses manières d'une distinction parfaite, sa figure pétillante encore, malgré son grand âge, la vivacité de sa démarche, et, — pourquoi ne le dirions-nous pas ? — ses culottes de velours bleu pincées sur sa jambe, qu'elles abritaient jusqu'au talon, il nous représentait assez bien un marquis de l'ancien régime, un de ces téméraires d'autrefois qui menaient la danse avant d'entrer en bataille, se faisant, dans l'un et l'autre exercice, accompagner du même violon. Est-il besoin de dire que la comparaison s'arrêtait à la bravoure, car le lieutenant-colonel, ennemi des lieux communs, ne l'est pas moins de la frivolité.

J'ai peu de chose à dire du lieutenant-colonel commandant le 10e régiment. Avant qu'il vint à ce poste, M. Germa avait fait du 19e bataillon, dont il est le commandant, un bataillon d'élite au point de vue militaire. On se plaignait seulement qu'en sa qualité de parent (neveu ou cousin) du vieux Arago, alors en son hôtel de ville, il fît trop souvent passer des revues de ses soldats à son oncle pour lui fournir le prétexte de discours à la sauce garibaldienne. C'est un plaisir que M. Germa peut s'offrir présentement à lui-même, et nous savons qu'il en profite ; car, à peine rentrés de vingt-quatre heures, après notre longue et pénible campagne, M. Germa nous rassemblait, par un froid à tout geler, sur les pavés de la rue d'Assas, où nous attendions pendant deux heures le bon plaisir de sa venue, afin qu'il fût constaté si nos souliers étaient en bon état ou non.

La constatation, du reste, fut faite avec un soin auquel il convient de rendre éloge, et se termina par l'annonce que toute demande de souliers serait ajournée, le gouvernement n'en pouvant, pour le moment, fournir de seconde paire à personne. Sur quoi un loustic (il y en a toujours dans les armées, et comment n'y en aurait-il pas à Paris?) fit judicieusement la remarque que, si les souliers usés ne pouvaient être remplacés, il n'était peut-être pas logique de commander une revue de plus au grand dam des souliers éculés.

En campagne, l'on dit que M. Germa a conservé une tendresse particulière pour son ancien bataillon, et qu'à part le service commun à tout le régiment, il tient son 19e sans cesse en haleine par des revues particulières. Pour nous, nos relations avec lui étaient peu fréquentes et se bornaient à quelques visites, qu'il faisait tantôt à cheval, en compagnie de son aide-de-camp, tantôt à pied et seul. Il se mêlait alors démocratiquement à nos groupes, parlant des petits *desiderata* de notre vie militaire et des efforts qu'il faisait pour y remédier. Il avait surtout soin de nous tenir au courant de la politique, au sujet de laquelle il exposait parfois ses idées. Il procédait, du reste, moins par théorie que par insinuation. C'est ainsi qu'un jour, parlant de journaux dont nous sentions la privation, il s'offrait à nous en envoyer un ou deux par escouade (disons tout de suite que la promesse n'a point été tenue), et il proposait comme lecture de choix le *Siècle* et l'*Avenir national*. Quelqu'un ayant parlé du *Temps* : « Oui, fit-il de sa voix traînante, le *Temps* aussi. Du reste, messieurs, tous ceux que vous voudrez. » Mais il paraissait bien que le *Temps* et le *Journal des Débats* lui inspiraient une médiocre estime, et je ne puis m'empêcher de croire qu'il eût trouvé tout à fait séditieux le garde national qui eût proposé l'*Univers*. Cependant l'*Univers* arrivait aux avant-postes, et, souvent contredit, n'en était pas moins généralement goûté.

On n'en pourrait dire autant des ordres du jour quotidiens du colonel Germa. Il est vrai qu'ils se traînaient dans des détails dont le grand nombre nous importait peu et qu'on les lisait d'ordinaire entre la soupe et le café. C'est une circonstance atténuante dont chacun appréciera la gravité, et dont un récit impartial veut qu'il soit tenu compte.

J'éprouve quelque difficulté à rendre comme je le voudrais les principaux traits qui forment la figure de notre commandant M. Richard-Bérenger. Qui n'a vu passer sur son cheval blanc, dans le quartier Saint-Germain, cet homme de haute taille, droit et ferme comme la statue d'un ancien chevalier? — Les moindres détails de sa tenue, ses moindres gestes empruntent à toute sa personne une distinction native qui arrête et fixe l'œil. La figure est grave, même austère, et elle paraîtrait sévère si de temps en temps un franc sourire et si toujours un œil calme et doux n'en venait adoucir les lignes hardiment caractérisées. Cet œil et ce sourire sont la manifestation du cœur. Dans toute la force du mot, notre commandant est un père pour son bataillon et rien ne ment en lui quand il nous parle et qu'il dit : « Mes enfants (1). »

---

(1) L'on me permettra de conter à l'appui une historiette qu'un lecteur trop grave pourrait me reprocher d'insérer au courant du récit, mais qui charmera les âmes simples comme elle charma notre bataillon.

Il est connu de tous que le gouvernement, pressé par les événements, n'a pu s'approvisionner à temps de tout ce qui était nécessaire à une armée dont le chiffre, depuis le siége, grossit tous les jours et qu'il a fallu improviser. Les bataillons de marche ont donc été équipés vaille que vaille et, sauf les capotes dont on doit dire

Nous n'entendions guère d'autre éloquence, car M. Richard-Bérenger, esprit attentif et réservé, parle peu. Cependant il se mêlait souvent à nous s'informant doucement de no-

---

que la plupart sont excellentes, en dépit de leur stupéfiante variété, il faut avouer que les draps des culottes ne sont pas parfaits et que le fil du tailleur l'est moins encore. C'est ce qu'on put observer au bout de quelques rudes corvées. Les pantalons riaient par toutes les coutures, et quelques-uns étaient dans un état si désastreux, que notre commandant dut faire tout exprès un voyage à Paris pour remédier à cet état de choses. Il en rapporta quinze pantalons. Eu égard au nombre des nécessiteux, le chiffre était dérisoire; aussi le commandant recevait-il le lendemain les doléances des malheureux qui n'avaient pu être approvisionnés de paravents de rechange. Un de mes amis, qui prenait d'ailleurs la chose du côté plaisant, était parmi les plaignants. Que fit notre commandant! Voulez-vous, lui dit-il, venir avec moi? Vous ignorez peut-être que je sais fort bien coudre; puisque le cas, d'après ce que vous me faites voir, l'exige impérieusement, je me ferai volontiers réparateur de neuf. On croyait à une plaisanterie et l'on riait. Point du tout; le commandant insiste avec tant de bientre façon de vivre et de l'humeur dont nous la supportions. Comme sa bonne figure porte à la confidence, il nous échappait à certains moments des réflexions un peu vives, particulièrement au sujet de l'intendance ou de l'état-major général. Notre commandant alors ne disait rien, mais son air parlait et l'on cessait « pour ne lui point faire de la peine ». Si ce silence n'obtenait pas son effet ordinaire, le commandant laissait tomber quelques paroles de bon sens et de sévérité. Elles ne manquaient jamais de profiter.

Ceux qui connaîtront sa vie intime, apprendront mieux encore ce que cet homme, porté naturellement à l'indulgence, saurait accomplir quand le devoir a parlé. Riche à millions, on sait que le commandant a

---

veillance, que le « décousu » ne peut poliment se défendre de le suivre. On arrive à l'état-major, où notre ami se met en caleçon et se chauffe près du feu, à l'abri d'une couverture. Cependant, le commandant tire une aiguille, et tire de l'aiguille avec la prestesse et l'habileté d'une couturière émérite. En un tour de main ce fut fait, et notre ami se retirait culotté, confus et charmé.

vu ses propriétés ravagées par l'ennemi, que cette invasion lui coûte des sommes incalculables, et qu'il fait tranquillement ce sacrifice à la délivrance de la patrie.

Tel nous le voyions avant la campagne, tel nous l'y avons vu. Ce qui avait changé de lui, n'était point lui ; mais nous aimions le cheval blanc du commandant et nous ne réprimâmes point une marque de désappointement quand au départ M. Richard-Bérenger nous apparut sur un cheval brun, très-élégant, mais trop faible pour ce corps de fer. Le fait était si inattendu qu'on en causa, et divers esprits proposèrent diverses explications, après lesquelles je hasarde la mienne. C'est que le commandant lit la Bible et qu'il a vu dans l'Apocalypse la description du cheval roux qui annonce la mort.

Portez-la aux ennemis, commandant, et remontez vite sur le cheval blanc qui nous ramènera la paix.

Petit, alerte, musculeux, flexible comme l'acier, résistant comme lui, modeste comme une jeune fille, brave comme un lion : tel est notre capitaine. Compatissant pour tous, il ignore la fatigue pour lui-même et jamais on ne l'a vu faiblir un instant. Après marches et contre-marches, après des nuits passées aux tranchées et des jours à la gelée, jamais il n'a montré la moindre fatigue, ni chancelé d'un pas. Nous l'appelions le capitaine *Jarret-d'Acier*, et véritablement le capitaine Fargeas mérite ce surnom. Son seul aspect nous ranimait quand nos corps engourdis étaient tentés de faiblir. Que serait-ce s'il nous menait au combat? Lorsque les Prussiens nous attaquèrent un soir, pendant que nous étions courbés, d'après son ordre, sur les parapets, il se promenait au plus haut, debout, arpentant fiévreusement l'étroit sentier, lançant vers Choisy un coup d'œil qui, à travers la nuit, dardait le feu.

C'est qu'il comptait célébrer sa fête à lui, la fête qu'il célébra deux fois avec un rare courage en Italie et en Crimée, sur laquelle il compte cette année comme sur un troisième anniversaire. Quand il revint à nous, au bout de vingt minutes, l'alerte finie, c'était d'un air qui semblait dire : C'est bien, vous nous avez dérangés aujourd'hui. A notre tour, bientôt.

Lorsqu'il se présenta aux élections, le capitaine Fargeas obtint l'unanimité moins une voix, la sienne, qu'il donna généreusement à son concurrent. Il sait donc que, dévoué à sa compagnie jusqu'à la mort, sa compagnie le paye du même dévouement.

Il est, du reste, bien servi par le sous-lieutenant Chanteloup, qui, élevé dans l'armée, en a emporté l'amour rigide de la discipline, et par un lieutenant à qui la guerre révéla sa véritable vocation de soldat.

Avant cette grande levée de boucliers, M. Jacquot était architecte et ses goûts sentaient si peu la poudre, qu'aux élections il se recommanda en disant : « Messieurs, je crois que dans l'état-major d'une compagnie de la garde nationale, l'élément civil doit entrer pour contrebalancer l'élément guerrier, qui pourrait devenir prédominant.» On l'élut.

Or, admirez la puissance du sabre quand il a touché le flanc d'un homme. Depuis lors, il n'est point de plus terrible capitan que le lieutenant Jacquot. Il avait une barbe magnifique, pareille à celle qui décore la figure des statues royales dans les cénotaphes égyptiens. Son premier soin a été de tailler dedans une impériale impérieuse et des moustaches en brosse. Ce n'est pas tout. Comme il posait dernièrement pour un artiste qui prépare des croquis de notre campagne, il dit d'un air crâne :

— Et surtout ne me donnez pas la tournure d'un pékin !

Combien en est-il que les Prussiens ont retournés de la sorte ? Ils ne demandaient qu'à vivre tranquillement d'un labeur aimé ; ils ne songeaient qu'aux longues études et aux doux pensers, si bien que la nécessité de fournir leur appoint à la guerre ne pouvait tout d'abord les enlever à leurs allures pacifique.

Mais voici qu'ils ont fourbi leurs armes. Ils ont flairé l'ennemi, et par delà les lignes prussiennes ils ont entendu les gémissements douloureux et les sublimes résistances de nos frères qu'on écrase. A l'instant, ces guerriers improvisés changent d'aspect. En leur âme s'élève un frémissement qui n'y avait jamais éclaté et dont ils sont les premiers surpris. Les voyez-vous qui s'excitent à la bataille comme autrefois aux luttes brillantes des arts ? Ainsi en sera-t-il tant que l'ennemi touchera notre sol. Mais après, ces humeurs s'apaiseront d'elles-mêmes, et peut-être que la main décrochera sans regret ce sabre qu'elle brandit aujourd'hui d'un geste si fier, pour reprendre le crayon modeste qui dessinait les monuments de la paix.

J'en pourrais dire autant du sergent-major Rondeau, l'écu vivant de la compagnie, et dont la chevelure d'or est comme l'enseigne de ses fonctions. Joyeux payeur s'il en fut, on le verra, à la première rencontre, non moins joyeux soldat. Brusque d'allures, il cache son bon cœur sous les saccades de sa voix, qu'il grossit méchamment quand, un peu lent lui-même à l'appel, il en surprend de plus attardés que lui. Mais cette contrainte ne dure pas, et bientôt son rire éclate large et sonore, narguant la fatigue et l'ennemi. Habile au négoce, il ne l'est pas moins à la chasse, et en attendant un gibier plus sérieux, il n'était pas rare de le voir en notre campement jeter son plomb aux moineaux bavards ou à la troupe noire des voraces corbeaux. Volontiers il inscrirait sur ses armes, en s'inspirant de son nom : « Rondeau je m'appelle, Rondeaux je chante, rondes je danse, rond je suis. »

J'aurais trop à dire si je devais, selon mon envie, esquisser encore la figure de tous nos sous-officiers. Il faudrait, d'ailleurs, me répéter et reparler encore du sergent de Boyve, l'aimable vaguemestre qui nous apportait chaque jour des nouvelles de Paris. Esprit ouvert, gentleman de naissance et d'allures, il combine heureusement les qualités de la race anglaise et du sang français. Cependant, comment ne pas montrer ici la figure constamment épanouie de notre sergent-fourrier, M. Boutin? Empressé près de tous, de cœur si ouvert qu'il voudrait toujours avoir la main pleine, personne n'était plus heureux que lui quand, revenant du fort d'Ivry où il surveillait la distribution des vivres, il pouvait annoncer que notre cuisine serait bien pourvue. Doué d'une patience sans bornes, il assistait sans sourciller et sans fatigue apparente aux longs rapports de M. Germa, et jamais on ne vit aucun incident troubler la sérénité de sa bonne humeur inaltérable. Aussi n'a-t-il que des amis. Une seule fois, il a fait des jaloux; c'est le jour de notre rentrée, lorsqu'il revint du fort, ramenant comme un trophée personnel deux pintades qu'il ne pouvait, avec le meilleur vouloir, partager entre toute la compagnie. Pour rire, et parce qu'on ne pouvait les croquer, on l'aurait mangé.

Je ne saurais mieux clore cette galerie

que par le portrait du capitaine adjudant-major Jayer, dont le type eût inspiré le pinceau de Vernet. Grand, maigre, effilé comme la pointe de sa lame, il semble qu'il ait laissé tout son sang sur les champs de bataille d'Italie et qu'il ne lui reste qu'un souffle. Mais ce souffle est plein d'énergie et anime d'un feu guerrier ce corps fatigué qu'on craindrait à première vue de voir ployer au vent. Il s'incline, mais il résiste et il vaincra.

VII

NOS DÉLASSEMENTS.

Walter-Scott, dans *Ivanhoë*, nous a laissé le portrait achevé du chevalier du rire tel que les seigneurs et les rois aimaient à en montrer à leur table et même dans leur conseil. En effet, Wamba, qui fait sonner ses grelots à côté de son ami Gurtz, le gardeur de pourceaux, se montre en maintes circonstances homme de bon conseil, et sous le couvert de sa folie il débite des maximes sages, dont peuvent profiter les gens peu disposés à les recueillir sur la bouche de ceux qui font possession d'être sensés. Ainsi en agit-on en tout temps entre les hommes, comme l'on peut voir par l'exemple de Solon.

Cet exorde est pour dire que nous possédions dans notre escouade Gurtz et Wamba en une personne, qui est le troupier le plus original dont puisse être pourvue une compagnie de gardes nationaux. La vie de Hutelier (c'est le nom du personnage) est tout un roman, qu'il nous contait un jour en son style pittoresque.

Enfant de Paris, il passa par toutes les traverses que subit d'ordinaire un garçon de sa condition. Quand il fut à l'âge de raison ou au delà, on l'introduisit dans la littérature, c'est-à-dire qu'il fut fait débitant de billets pour le compte de je ne sais quelle agence théâtrale. Il avait ce qu'il appelle lui-même une « gouaille naturelle » qui est l'esprit parisien, et il l'avait surélevée, si bien qu'il fit des progrès en son état, se montra homme d'affaires consommé pour écouler rapidement la bonne marchandise théâtrale et même les rossignols. Bref, il passa premier commis de l'agence à vingt ans. Par malheur, le Hutelier, qui avait la « gouaille » facile, se montrait parfois faible, comme il l'avoue, à la tentation de la « gouape ». Un jour de grosse représentation, il but un coup de trop, voire deux, se fia à sa veine pour écouler un peu tard sa marchandise, et « but un bouillon » qu'il fit boire à son patron. C'était un cas de renvoi. Il fut renvoyé. En ce délaissement, il végéta quelque temps, puis une bonne âme s'en inquiéta, et il devint infirmier à l'hospice de la Charité. C'est là que la guerre le prit pour en faire un soldat.

De son avis, c'est le plus mauvais métier qu'on pût lui proposer. Mais il n'y avait pas à dire non. Il s'y mit donc de bon cœur et même de si belle humeur, que bientôt il tint école de rire pour la compagnie et même pour tout le bataillon. Donner les raisons de son succès est difficile. Imaginez le légendaire Dumanet, flanqué du non moins légendaire Pithou. Greffez l'un sur l'autre ces deux physiques et ces deux esprits ; ajoutez (si l'on me passe ce terme chimique) une décoction de Mangin, et n'oubliez pas que Hutelier s'étant assis souvent au milieu de la claque, avait la mémoire bondée de scènes et de citations qu'il dégoisait en toutes circonstances non sans propos, d'un air, d'un accent et d'un geste proprement inimitables ; brochant sur le tout, figurez-vous un garçon si dédaigneux de ses agréments physiques, d'ailleurs rares, qu'il en plaisantait le premier avec abondance, et vous aurez, dans une situation donnée, une comédie à vous tirer des larmes comme aux meilleurs endroits de Racine et de Molière. C'est ce qui arrivait souvent et presque chaque jour, à propos d'un rien comme à l'occasion des choses les plus graves. C'est en vain que l'on s'efforçait de contenir le rire. Ceux qui s'y étudiaient le plus finissaient par de véritables contorsions.

Livré à ce genre, Hutelier n'entendait pourtant pas rire de tout ni permettre la plaisanterie sur les sujets qui ne la comportaient pas. Quoique peu pratiquant, il parlait volontiers et ferme de sa foi dans les principales vérités chrétiennes en laquelle il voulait mourir. La Charité avait ainsi opéré en son cœur, et quand il parlait soit de l'aumônier de l'hôpital, soit des sœurs de charité dont il avait reçu les soins avant de les aider dans les soins à fournir aux autres, c'était d'un ton grave et convaincu, avec une tendresse véritable, mêlée d'un profond respect.

Entre ces représentations à bâtons rompus qui duraient parfois une minute et parfois un quart d'heure, selon que l'acteur intervenait par un mot ou un discours, nous avions les distractions que la nature nous offrait autour de nous. Que de fois, en compagnie de deux ou trois, n'avons-nous pas, silencieux et ravis, admiré les incomparables reflets du soleil sur les collines, sur les maisons et sur le miroir de la Seine ? Je me rappelle entre autres un lever de soleil vu d'Ivry, par une gelée matinale qui laissait flotter dans l'air des transparences soyeuses, à travers lesquelles la lumière diamantée se glissait tamisée comme une poussière aux grains d'or. De combien de peines et de fatigues nous payait un seul de ces spectacles souvent renouvelés !

Nous aimions encore à suivre sur l'eau les mouvements des gracieuses canonnières, et surtout de la canonnière Farcy constamment en éveil sur ces parages. Nous épiions ses moindres démarches, y cherchant le secret de nos opérations pour le jour ou le lendemain. Un soir, de faction entre minuit et deux heures, je contemplais cette petite coque sombre amarrée près de la redoute qui est contiguë au Port-à-l'Anglais. Au dedans, nul bruit ne faisait soupçonner qu'elle fût habitée. Mais un œil incorruptible veille toujours, et je m'en aperçus bientôt. Tout à coup, dans la direction de Paris, une nacelle se détache, montée par un seul homme, qui pousse vivement sa barque de l'aviron sur la forteresse mouvante. Il filait, filait, filait et allait aborder sans être reconnu, quand une voix mâle l'arrête à distance et le hêle : Qui va là? — Ordre pour la canonnière Farcy; n'est-ce point elle? — C'est elle. — Le commandant y est-il? — Il y est. — Voici pour lui. Et le messager mystérieux tendait un large pli, que prit le matelot. Il s'enfonça sous le pont, puis j'entendis de nouveau sa voix qui criait à l'embarcation : — C'est bien; vous pouvez partir. Et elle vira.

J'achevai ma faction, assez intrigué de cette aventure et persuadé que le lendemain il y aurait quelque attaque du côté de Choisy. En effet, le matin, la machine se mit à souffler de bonne heure et les pattes de la roue clapotèrent, emportant la canonnière au large. Elle prit position et attendit un nouveau signal. Mais il vint un contre-ordre, et l'attaque fut renvoyée à plus tard.

D'autres fois, nous nous prenions, en plaine, à braquer nos lorgnettes sur les Prussiens de Choisy. On les voyait par un, par deux, par groupes de huit ou dix, sortir des maisons comme des renards, puis se tapir. Parfois ils allumaient un grand incendie et nous nous attendions à voir débusquer des batteries dont les dragées nous serviraient d'étrennes; mais rien ne paraissait. Nous nous retournions alors vers Ivry et vers le fort, comme pour supplier l'énergique commandant Kranz de leur donner une sérénade. Il n'y manquait guère. Un obus partait, puis deux, puis trois, faisant sonner leur cliquetis au-dessus de nos têtes; nous les suivions du regard, et quand ils tombaient à pic sur une tanière d'où l'on voyait s'éparpiller les ennemis affolés, nous applaudissions comme pour envoyer nos remerciements à nos merveilleux marins.

Je n'aurais garde d'oublier ici une de nos meilleures soirées, qui fut la nuit de Noël. La veille, nous étions, comme de coutume, éparpillés dans la plaine et songeant à cette grande fête, que nous devions, hélas! célébrer aux tranchées ; nous disions : Depuis quinze jours nous sommes ici comme des païens, n'entendant ni cloches ni messe. Or, à Vitry, il y a trois aumôniers, et il n'est pas possible qu'en ce campement il n'y ait au moins une messe de minuit. Allons-y. La proposition avait à peine besoin d'être faite, elle fut aussitôt acceptée, et le soir, munis d'une permission largement accordée par notre capitaine, nous partions vers onze heures, par une douce gelée qui faisait sous nos pieds bruire l'herbe avee un léger craquement.

Au-dessus de nos têtes le ciel s'éclairait de mille étoiles, et le long du chemin, cela nous donna l'occasion de faire un cours de cosmogonie où chacun, pour compléter ses souvenirs, s'entr'aidait amicalement. Dans ces entretiens, nous arrivâmes, sans songer, tout auprès de Vitry. Mais si des lueurs brillaient de loin aux fenêtres des corps de garde, l'église était sombre comme un lieu abandonné. C'est en vain qu'après en avoir fait le tour, et craignant que l'heure ne fût encore trop avancée, nous nous éloignâmes un instant pour revenir au coup de minuit. Aucune porte ne s'ouvrit et rien ne parut dans le sanctuaire délaissé. Nous rentrâmes donc en nos chambrées, sans avoir chanté le Noël de la délivrance. Mais nous étions heureux quand même, car Dieu qui veille avait vu nos intentions.

Le lendemain, l'un de nous, que je me plais à nommer ici, parce que sa voix merveilleuse, qu'il conduit avec un art exquis, a souvent charmé les loisirs du campement, le caporal Alais nous payait de ce mécompte. Il restait au chalet, et il en profita pour se rendre à Ivry. Dans l'église où le curé disait la messe pour de rares fidèles, le lutrin était désert. Notre ami s'y installa, et sous ces voûtes attristées son chant s'éleva comme une prière pour tous ceux qui se tenaient au loin, attendant le combat. Qu'il en soit remercié.

Je n'en finirais pas si je voulais narrer toutes les inventions ingénieuses au moyen desquelles plusieurs d'entre nous réussissaient à nous tromper nous-mêmes sur le fond ennuyeux de notre vie. J'ai déjà parlé du poëte charmant qui nous délassait par ses causeries. M. Dupont est avocat, et son talent incontestable lui ferait vite au barreau une réputation dont sa modestie serait inquiète, si je ne le soupçonnais de cultiver plus volontiers les muses que les sacs à procès. En tout cas, ses poésies, d'un tour charmant, inspirées par une foi vivante, un esprit fin et un cœur qui aime assez les grandes choses pour les célébrer avec éloquence, nous faisaient parfois oublier et la guerre et notre métier. Que dis-je? Elles nous faisaient souvenir de l'une et de l'autre; mais pour nous en montrer le vrai caractère et nous faire voir que nous travaillons, de concert avec la miséricorde divine, à relever un édifice immense sur les ruines que la justice a justement balayées.

Je ne saurais passer sous silence les causeries d'un autre soldat que la guerre a bien surpris, lui aussi, quand elle l'arracha à ses livres. Avant la campagne, quand nous nous y préparions par les exercices élémentaires dans la cour de l'école des Beaux-Arts, j'avais remarqué un jeune homme qui arrivait régulièrement en retard, sans peut-être s'apercevoir qu'il n'était point à l'heure. Dans les rangs, il faisait les mouvements avec suite, mais sans ardeur et sans y prendre garde. Souvent ses yeux distraits erraient devant lui sur les chefs-d'œuvre qui décorent la cour de l'école, et comme suivant une pensée intime fort étrangère à tout ce qui se passait autour de lui.

Si on lui parlait, il n'avait point l'air d'entendre, ou bien, si on l'interrogeait sur un mouvement par le flanc droit ou par file, il répondait : N'admirez-vous point, monsieur, ces sculptures de Jean Goujon ? C'est Ménalque, disais-je alors. Je sais à présent que ce jeune homme est un élève distingué de l'école d'Athènes et je n'apprendrai son nom à personne dans le monde savant en écrivant que c'est M. Dumont. Brave, sans cesser d'être tranquille, il s'en ira au feu comme il entrerait dans une bibliothèque, et je l'ai bien vu quand, la veille de notre départ en cette tranchée où venaient de siffler les balles prussiennes, il commençait, après une causerie fort intéressante sur Rome qu'il a vue en compagnie de notre rédacteur en chef, un cours non moins vivant sur les inscriptions grecques des premiers tombeaux chrétiens. Puisse-t-il nous donner bientôt, dans le calme de la paix, les travaux qu'il tenait tout prêts et qui ont déjà obtenu le suffrage d'un maître incontesté, de Rossi!

Il faut finir et inscrire encore le souvenir d'une soirée dont on parlera longtemps dans la 3e compagnie du 18e. Car rien n'est plus vrai, sous les yeux des Prussiens nous avons eu une soirée. L'idée, certes, n'est point de nous, car, pour une soirée telle qu'on la fait dans le monde des salons, il faut diverses choses dont notre escouade était fort dépourvue, et c'est le cas de citer la Parfaite Cuisinière qui dit que pour faire un civet il faut un lièvre. Le lièvre se trouva dans la 3e escouade.

Cette escouade était le modèle de notre compagnie. Logée dans un pavillon qui se cache au fond du petit parc où s'élève notre chalet, on disait merveille du nid qu'elle s'était arrangé entre ces quatre murs; on disait merveille aussi du cuisinier qu'elle s'était choisi, et chacun au fond nourrissait l'envie de constater la chose quelque jour ; mais l'on comprend qu'en ce temps de disette une invitation à dîner est une grosse affaire. Nous dûmes nous contenter, et nous fûmes trop heureux d'être invités à une soirée. Le soir venu, nous grimpons l'escalier rustique qui conduisait à la maisonnée, et qu'éclairait une lanterne voltigeant au vent comme voltigent sur l'eau les lanternes des gondoliers dans les fêtes de Venise. Nous nous engageons alors dans un corridor sombre, et, guidés par l'éclat des voix, nous heurtons à une petite porte qui nous jette, en s'ouvrant, dans des flots de lumière, au seuil d'un salon où nous nous arrêtons stupéfaits, ravis.

Tout autour d'une table où s'étalaient plats de sandwich, tranches de bœuf froid, gâteaux et cigares, des gardes nationaux, arrivés avant vous, montraient leurs figures épanouies, et causaient à l'envi. Après avoir joui de notre étonnement, on s'empresse et l'on nous traîne aimablement à nos fauteuils, où nous prenons enfin le loisir de considérer les hommes et les choses. Les hommes étaient de nos amis, et l'inspection fut bientôt faite. Mais les choses !

Au milieu de la table somptueuse que j'ai déjà décrite, un bol immense attendait un punch dont les flammes bleues rejaillissaient de l'âtre sur les visages, illuminant les invités d'un éclat fantastique. Aux deux bouts, des bougies à profusion se dressaient sur des candélabres formés artistement de baïonnettes rassemblées sur leurs bases, et dont les tiges à trois faces formaient à chaque bougie des miroirs métalliques. Au plafond pendait, rattachée par un fil, une corbeille, je veux dire une gamelle, d'où s'échappaient en touffe des lierres grimpants, des mousses vertes et piquées dans la touffe, des fleurs blanches cueillies dans le voisinage et pareilles à des roses. Enfin, dans le fond, les fusils rangés en panoplie nous envoyaient leurs reflets d'acier.

Au milieu de ces richesses, l'on causa aimablement pendant deux heures. Au bout de ce temps le spectacle toujours nouveau conservait pour nous tant de charmes en ce désert que nous ne pouvions nous en tirer. Enfin il fallut sortir, mais ce ne fut point sans remercier nos hôtes et demander le nom des aimables fées à qui nous devions la surprise de ces splendeurs et de ces prodigalités.

Nous ne pûmes l'obtenir, mais en chemin nous devinâmes, car l'un de nous se prit à dire : Je croyais jusqu'aujourd'hui que les fées étaient sœurs, je me trompais. Les fées sont frères; j'en prends à témoin MM. Léon et Tristan de Margorie.

VIII

L'AMBULANCE.

En dépit de ces distractions, le service pesait durement sur plusieurs d'entre nous. Les plus robustes pliaient et enfin, un jour de tranchées, il fallut reconduire au campement un malade et inaugurer l'ambulance.

Dès les premiers jours, l'existence de cette ambulance nous avait été signalée par une corvée qu'elle nous avait valu. On nous avait dit : Messieurs, il faut aller chercher du bois pour chauffer l'ambulance. Or, quand on porta le malade dans la chambre à quatre lits qui constituait l'ambulance, on ne put obtenir de feu. A ceux qui observaient que les malades avaient besoin de feu plus que tout autre, il fut répondu que c'était aux malades de s'en pourvoir. Je note cette réponse afin de faire voir comment, au rebours des meilleures intentions, les choses peuvent être faites à la diable. Car, à coup sûr, on ne saurait trouver parmi les chirurgiens-majors un homme plus excellent, plus attentif, plus dévoué et moins soucieux de lui-même que le docteur Terrier.

Mais il ne peut tout voir ni tout faire. Il y a plus haut l'intendance dont on ne peut tout obtenir, et au-dessous les manœuvres qu'on ne peut toujours surveiller. Quoi qu'il en soit, la réponse rapportée plus haut est au compte du caporal-ambulancier, qui dès le premier jour nous avait donné sa mesure en trouvant convenable de calomnier la charité et le dévouement des frères et des sœurs, qui soignent partout nos blessés avec un zèle dont je n'ai point à faire l'éloge. Nous ne supportâmes point un instant cette brutalité; mais, d'après cela, il devait au moins appuyer ses dénigrements sur son savoir-faire. Il ne montra que son insouciance, et bien heureux sont ceux dont la santé chancelante a trouvé ailleurs le remède dont elle avait surtout besoin, je veux dire le repos que devait nous apporter le retour.

IX

LE RETOUR.

Un mercredi, je fus l'heureux messager de cette nouvelle. C'était la veille même de notre départ, et nous étions si incertains de notre sort que nous en étions venus à croire que nous ne partirions pas avant le 15 janvier. Allant chez l'amiral, je le rencontrai avec son état-major, et notre ami Schnaiter m'apprit la bonne nouvelle. J'eus hâte de la faire savoir et retournai aussitôt aux tranchées. Ce fut la traînée de poudre, et si j'ai jamais conquis l'amitié des hommes de ma compagnie, je crois que ce fut ce jour-là.

Le lendemain, quand vint l'heure du départ, je témoigne que personne ne traîna. L'on se mit en chemin par Ivry, et la route, quoique faite sans étapes, ne parut pas longue jusqu'au quai. Nous y arrivâmes poudreux, à demi éclopés, joyeux, au milieu de la tendresse curieuse des Parisiens qui nous complimentaient en s'apitoyant un peu sur nous. A peine en ligne, après la halte, l'ordre vint de rompre, et nous nous envolâmes comme un essaim d'oiseaux ; puis ce fut un jeu de jeter ses sacs et de courir au bain avant d'entrer au lit.

P.-S. J'écrivais ce qui précède le 15 janvier. Notre bataillon était au combat de Montretout, où il paya largement sa part : trois morts, tous de notre compagnie, et deux blessés, dont un à la jambe et qu'on a dû amputer. Saluons ces braves ; que Dieu ait pitié de leurs âmes et de nous !

TABLE

www.ingramcontent.com/pod-product-compliance
Ingram Content Group UK Ltd.
Pitfield, Milton Keynes, MK11 3LW, UK
UKHW021007200726
13857UKWH00004B/1317